In Loving Memory of:

_____

I'll always remember...

I'll always remember...

I'll always remember...

I'll always remember...

I'll always remember...

I'll always remember...

I'll always remember...

I'll always remember...

I'll always remember...

I'll always remember...

I'll always remember...

I'll always remember...

I'll always remember...

I'll always remember...

I'll always remember...

I'll always remember...

I'll always remember...

I'll always remember...

I'll always remember...

I'll always remember...

I'll always remember...

I'll always remember...

I'll always remember...

I'll always remember...

I'll always remember...

I'll always remember...

I'll always remember...

I'll always remember...

I'll always remember...

I'll always remember...

I'll always remember...

I'll always remember...

I'll always remember...

I'll always remember...

I'll always remember...

I'll always remember...

I'll always remember...

I'll always remember...

I'll always remember...

I'll always remember...

I'll always remember...

I'll always remember...

I'll always remember...

I'll always remember...

I'll always remember...

I'll always remember...

I'll always remember...

I'll always remember...

I'll always remember...

I'll always remember...

I'll always remember...

I'll always remember...

I'll always remember...

I'll always remember...

Made in United States
Troutdale, OR
04/07/2024

19020282R00066